김태은 시집

햇빛 묶어 세우기

발행일 · 2004년 10월 25일

지은이 · 김태은
발행인 · 안종완
펴낸곳 · 세계문예

편집장 · 박옥주
편집인 · 박종현

등록/1998년 5월 27일(제7-180호)
주소/(132-033) 서울시 도봉구 쌍문3동 315-402

☎ 대표:995-0071 영업부:995-0072
　편집실:995-1177 주간실:995-0073
　팩스/904-0071

e-mail | adongmun@naver.com
e-mail | adongmun@hanmail.net
Homepage | adongmun.co.kr
　　　　아동문예

값 10,000원

ISBN 89-88695-41-0

※ 저자와의 협의하에 인지는 생략함.

■들어가는 글

우리 인생에서 삶과 예술에 의미를 주는 단 하나의 색은
바로 사랑의 색깔이라고 합니다.
우리 모두는 바람 부는 세파를 위태롭게 항해하는 작은 목선입니다.
시간에 쫓기고 생활에 쪼들리고 사랑에 실망하는 기진한 삶 속에서,
매일 반복되는 지루한 일상 속에서 자칫하면
우울해지기 쉽고 생의 기쁨을 잃기 쉽습니다.
그러나 순간 순간 마음의 눈으로 높고 푸른 가을 하늘을
바라볼 줄 아는, 또는 아파트 보도블럭 사이에서 비집고 핀
예쁜 풀꽃 하나에서 생의 기쁨을 찾을 수 있는 그런 햇빛 같은
바라봄의 시각이 우리 삶에 의미를 주는
사랑의 색깔이라고 생각합니다.

여기 「햇빛 묶어 세우기」는 일상 속에서 자연 속에서 여행 속에서
흔히 지나치기 쉬운 작은 느낌을 시로 묶어 놓은 것들입니다.
내 속에 있는 나를 찾아 우리 고달픈 삶 속에서 내 영혼이
햇빛 내리는 사랑의 색깔로 물드는 풍성한 삶이었으면 합니다.

이번 6번째 시조집 「햇빛 묶어 세우기」에는 여행시가 많습니다.
여행 중 현지에서 찍은 사진과 엽서 풍경화를 넣어봤습니다.
아직 덜 삭은 부족한 시를 세상에 띄워 보냄이
심히 부끄럽고 조심스러운 마음 금할 길 없습니다.
이 시조집을 출간해 주신 세계문예에 감사를 드립니다.

2004년 가을 사비성 산막에서
김 태 은

햇빛 묶어 세우기

1부

KIM TAE EUN POETRY

술 빚는 여인   14
상사화 피다   15
雪日   16
봄바람 페달을 밟고   17
강촌   19
태백산맥   20
U턴 신호   22
바이칼호   23
初雪   25
석간신문   26
찻집   28
록키산   29
국화에게   31
진달래 필 무렵   32
나는 누군가   34
들녘 이발관   35
섬   37
입양아   38
흑석동 아트센타   39
나를 떠나 나를 봤다   41
기다리는 마음   42
사람 숲   43
가을 묵화   44
8월에 머문 케이프타운   45
쏨이 없다   47
햇빛 묶어 세우기   48

2부

겨울 낮달	50
꿈꾸는 킬리만자로	51
고비 사막行	53
낡은 자개농	55
노을길에서	56
지중해 안탈랴에 와서	57
시베리아 일몰	58
거짓말	59
시인의 집	60
12월의 퀸스타운	61
연꽃사원	62
갠지스강 풍경	63
노을 지는 헬싱키	65
夏至	66
구름 숲을 날며	67
퓨즈 나간 수퍼마켓	68
하늘빛	69
종군 여기자의 일기	70
낚시터의 명상	72
장마철	73
水菊	74
가을 여인	75
靜夏	76
雨日	77
하늘 몇 평	78

3부

지구본 속으로 80
탕수육 81
나의 트로트사랑 82
열목어 83
모스크바에 와서 84
달맞이꽃 어머니 85
백제 금동향로 86
겨울 강 87
아직 끝나지 않은 여행 88
사랑은 89
정동진에 가면 90
동백꽃 지면 91
포장마차 92
적도 근처에서 93
고란사 피리 소리 94
메콩강 96
연체된 시간 97
세계에서 제일 작은 교회 98
지하 할인매장 99
동태 100
어느 소녀의 편지 101
저문 비 102
목련꽃 지면 103
물소리에 대하여 104
다단계 풍경 105
낡은 악기 106

4부

숲속 나의 집　108
다뉴브강　110
피리새　111
꽃밭에서　112
묵정밭을 태우며　113
여고 동창　114
눈길을 쓸며　115
까치밥　116
연어낚시　117
모란꽃　118
눈 덮인 들　119
가을 손님　120
山蘭　121
속 모를 분꽃　122
느티나무　123
가을 소나타　124
뻐꾸기 시계　125
아침 도라지꽃　126
괄호 안의 나　127
낙조　128
일요일의 비엔나　129
먼길　130
오일장 풍경　131
자목련꽃 지던 날　132

1부

술 빚는 여인

물 소리 그립다고

솔바람 그립다고

어스름 내릴녘에

갈빛 젖어 오시는 이

산머루

술 빚는 여인

그리움의 놀이 탄다.

상사화 피다

한동안 혼절한다 나를 취하게 하는 詩
내 안의 나를 비워도 열꽃 돋는 소리가
내 혼을 뚫고 나가는 상사화를 나 어쩌랴.

검은 몽돌의 목마름이다 바람의 입김으로
그냥 터지는 꼭꼭 가둬두었던 그리운 광기
붓 끝에 노을이 타도 아직 탁음이 갈앉는다.

바람 속에 깃털 세우고 저 피안을 넘으면
윤 나는 청음 한 올 슬이슬슬 풀리려나
아픔도 단맛이 섞여 그윽한 달밤이다.

잔인한 달 꽃을 깨우던 내 삶의 뒤란길에
낡은 현을 다 울려 뽑아내는 옥타브로
신들린 무당새 되어 아픈 가락 지절댄다.

雪日

솜눈이 가볍게

어깨춤 추며 내리는 정오

보리사 종소리

울먹울먹 기어오는데

먼 솔숲

하얀 웃음소리에

나 덩달아 환해진다.

봄바람 페달을 밟고

꽃샘눈 사나흘 내려
3월은 뒷발질하고

강물은 게거품 물고
물안개를 올리는데

봄바람 페달을 밟고
발시린 들에 당도했다.

조용조용 다가와요
꽃망울의 꿈이 깨요

제비꽃 젖망울에
보라 꽃물 찍으면

민들레 피던 자리에
젖니 몇 개 돋았다.

햇솜볕이 논두렁에
엽록소를 섞으면

설레는 그리움
어쩌지 못해 노을로 타는데

들판은 초경 앓는 소녀의
어설픈 표정이다.

강촌

어느날은 물총새가

서글피 울고 가고

어느날은 해오라기

외로운 날갯짓하고

오늘은

흐느끼는 물바람에

내가 울고 말겠네

태백산맥

태백산은 침묵해도
가약고 소리 들리고
푸른 혼이 숨쉬는
조선의 영산이라
굵은 뼈
산등성마다
황톳빛 가락이 돈다.

비워도 찬 듯 채워도 빈 듯
늘 꿈은 넘쳐 있어
바라만 봐도 그냥 설레는
태백의 당당함에
한사코
작아지는 나
필시 초라한 목숨였나.

저물녘 나그네여,
너무 먼길 바라보지 마
바닷물도 달의 힘에
이끌려 오고 가는데
목마른
집을 비우고
하늘 힌 징 피리 불자.

U턴 신호

직―→진은 왠지 두렵다
길이 곧 끝날 것 같다

U턴 하여 젊은 날로
돌아갈 수 없을까

마음의 U턴 신호를 받고
오늘도 젊게 산다.

바이칼호
― 시베리아에서

민둥산 능선 사이로 언뜻 보인 바이칼호

아이리스빛 옷자락 펄럭이며 뛰어올 때

그리운 연인을 만난 듯 가슴이 쿵쿵 뛰었다.

긴 겨울 동안 웅크렸던 키 작은 풀꽃들

패랭이꽃 솜다리꽃 기지개 켜며 방긋 웃고

담비도 샤먼바위 걸터앉아 수정거울에 제몸 비춰본다.

북해로 떠나가는 앙가라강의 열띤 사랑은

혹한에도 뜨거운 안개꽃을 피워올려

떠도는 사랑의 원혼들을 등 다독여 달랬다.

누군가는 바이칼에서 하늘을 읽고 가고

누군가는 바이칼에서 고독을 읽고 갔다

하늘을 닮아 경의로운 시베리아의 제왕이다.

*앙가라:바이칼에서 유일하게 북해로 흘러가는 강.

初雪

계룡갑사 모퉁이 돌면
골동품 같은 찻집이 있다

작설차 한 잔에
첫 눈발도 시가 되던

해종일 시가 만져지고
세상이 멀어지던 곳.

오늘은 뒤집 규수의
결혼식인가 참 성스럽다

하늘에서 꽃눈이 내려
마른나무에 흰꽃이 피고

하늘 땅 손을 맞잡고
면사포를 씌운다.

석간신문

아픈 삶을 써야만이

시가 될까 생각하다

10월의 오후가

감빛으로 익어간다

한나절 국화 밑에서

졸던 햇볕도 갈빛이다.

이스트에 버무려진

세상이 부푸는 시각

소년이 닳아오른

석간신문을 던지고 간다

오늘을 읽기도 전에

내가 먼저 숙성 된다.

멀미 난 세상을

이마부터 짚어가면

입이 큰 짱뚱어들

비틀비틀 걸어나온다

안 뽑은 사랑니처럼

이래저래 두통꺼리다.

찻집

선암사 골에 들면

녹차향이 그윽하여

잊었던 시어들이

산딸기로 붉어오고

손이 흰

한복의 여인이

맑은 향을 따라준다.

록키산
— 밴프에서

저기, 불끈 치솟은 뼈대 굵은 태초의 품에

첫사랑 애인의 셔츠색 같은 호수 요정을

가슴에 꼭 끌어안고 꿈을 꾸는 행복한 록키.

전나무 초록자락에 아랫도리를 가리고

한사코 몽정 중이네 뭉클뭉클 백혈을

호수빛 안색이 짙어 태기가 있으려나.

홀연히 안개 덮여 신비로움과 경의롬이

애드벌룬 치솟듯 탄성이 튀어오르고

목욕 막 끝낸 록키는 제왕보다 늠름하다.

국화에게

무서리에 흰 국화가

소금같이 피어난다

긴 여름 폭풍을 견딘 기다림에 꽃은 피어

그 얼굴 그리움인 듯

연서 같은 향기가 난다.

서릿바람에 산다는 것이

외로움 견디는 일

외로워 피고 피는 네 속마음 짐작하느니

그리움 귀고리처럼 걸려

꽃인 듯 눈물인 듯.

진달래 필 무렵

진달래 피기 전엔
봄을 노래 않겠어요

황톳물이 떫게 든
세상살이라 하지만

꽃샘눈 너댓새 내려
그대 안부 묻습니다.

조잘대는 물소리에서
봄소문 듣습니다

가는 세월 뒷모습에
눈물빛 돈다지만

쑤꾹새 한나절같이
하늘빛은 웁니다.

허리 휜 금강가의
냉이 풀로 앉아서

바람 따라 구름 따라
숨가쁘게 오시는 이

진달래 꽃잎을 띄워
두견주를 올립니다.

나는 누군가

쉬지 않고 돌아가는

세월의 공전궤도

나이테 감길수록

가속이 붙는 쳇바퀴

그 안에

술래를 도는

숨가쁜 나는 누군가.

들녘 이발관

만경벌 못둑 너머 둥둥 떠 있는 이발관

어릴 적 단발머리가 촐랑대며 뛰어온다

지평 먼 황금들판은 출렁이는 바다였다.

세월 바랜 기억 속의 삐딱한 이발소 간판

뽀마드 바른 이발사의 갈잎 다듬는 가위 소리

주름진 야윈 물살이 낡은 거울에 철썩인다.

금니박이가 정스럽던 전라도 사투리는

아직도 귀에 돌아 남도 창을 흥얼거리고

못 박힌 들녘 이발관 눈썹달에 글썽인다.

섬

썰물이
흔들어도

밀물이
흔들어도

그대는
까딱 않는

멀고 먼
섬이었네

어떠한
사랑 흘러들어야
그대 마음 흔들릴까.

입양아

코리아의 아기가
기내에서 울고 있다

푸른 눈의 양모가
낯설어 자지러진다

모국을 원망하는 듯
울분에 찬 절규다.

낯익은 우리의
스튜어디스가 안아주자

안도의 숨 돌리며
엄마 품인 듯 잠이 든다

우리는
내 나라 고아도
기르지 못한 수전노들이다.

흑석동 아트센타

북으로 창이 트인 아트센타 그늘이 길다

중대 경유 노량진역 마을버스 바퀴에서

젊은 날 종종거리던 내 다리가 보인다.

A-4지만한 아파트창 깜박이는 불빛 보면

박꽃 핀 먼 남도에서 전화가 걸려온다

바람의 귓속 말일까 꽃 터지는 앳된 소리.

전화선 타고 귓가에 물방울로 맺히는

이 소리 없다면 세상 얼마나 적적할까

책상엔 아트지 시 삽화 등 어지럽게 흩어졌다.

눈보라 북창가에도 봄이 와 목련이 피고

여름엔 매미 찾아와 긴 쏠로를 뽑는다

가을엔 빈 나무 같은 내 모습이 걸린다.

나를 떠나 나를 봤다

부르던 내 노랫말은 모두 지워버렸다

나는 산이 되기 위해 아틀라스를 꿈꾸며

그 산에 안겨 잠들고 잠깨며 기억해 갔다.

나무들 옷을 벗고 내 뜨락도 바람 뿐인데

찬바람 데워 줄, 내 안의 금줄 흔들어 줄

어릴 적 풀각시 같은 친구 하나 그리웠다.

차령고개 구름 따라 금강줄기 물안개 따라

부여읍내 오일장이나 봐다 그냥 그렇게 사는

한없이 마음 편안한 나를 떠나 나를 봤다.

기다리는 마음

코스모스 피인 길로
종일 그대 기다리다

초가을 뙤약볕에
검게 글린 내 얼굴

소쩍새 저무는 마을
그도 섧게 우는구나.

달이 오르면 그리움처럼
피어나는 달맞이꽃

달이 지면 기다림도
꽃도 다 져 허기가 진다

남몰래 어른대는 그림자
나는 매일 무너진다.

사람 숲

사람였기에 사랑과 미움과 슬픔을 겪고

사람였기에 하늘 향해 지은 죄로 눈물 흘렸다

창조주 주인을 알아보는 사람숲은 아름답다.

사람였기에 자연을 경의롭다 찬양하고

사람였기에 자유와 평화를 사랑했다

사람숲 무성하여도 나무숲보다 아름답다.

가을 묵화

9월의 등줄기 타고 등 파인 계절이 갔다

무서리에 단물 올라 향긋한 포도 익으면

항아리 달빛에 헹궈 포도주를 담근다.

서둘러 산빛이 활활 타며 올라오면

창문에 단풍잎 국화잎 무늬도 놓고

구럭에 붉은 감 따며 가을 묵화 그린다.

8월에 머문 케이프타운
— 남아프리카에서

어디쯤 이르렀을까,
아프리카 땅 끝인가
하늘빛 바다빛 블루사파야 흩어놓은 듯
내 안에 쪽빛 서늘함이
뿌리 깊이 꽂힌다.

대서양과 인도양이
서로 만나 살을 섞는(케이프포인트)
향수에 젖어 흑인영가를 부르던 꿈의 고향
아직도 그리움 한 채 남아
달맞이꽃 피었다.

앞뜰엔 푸른 파도
뒤뜰엔 테블마운틴
한적하고 평화로운 여정이 가고 세월이 가고
노을진 내 가난한 꿈이
그렁그렁 가빠진다.

答이 없다

어쩌다 나 세상에서

살아감이 신비로워

사랑을 하다 슬픔을 겪고

생각을 하다 시도 썼다

인생길

슬픔도 기쁨도 아닌

이렇다 할 답이 없다.

햇빛 묶어 세우기

사랑은 돌아오지 않는 강이라 해도 좋다
목마르면 목마른 채로
바람 불면 부는 채로
하늘을
끌어안으며
모든 허물을 덮는다.

늦기 전에 한 번쯤은 사랑을 주고 싶은데
햇빛이 되어 달빛이 되어
명주소매로 감싸주어
그토록
허전한 가슴을
채워주고 싶었다.

말보다 행동으로 사랑할 수 있을 때까지
껍데기는 벗어던지고
이쁘게 대하고 싶다
인생의
종말은 죽음이
아니라 시작이니까.

겨울 낮달

혼자서 먼길 가다 다리가 아팠던지

눈 덮인 소나무에 걸터앉아 쉬고 있다

볼 시린 창백한 얼굴로 애잔하게 웃는다.

흘끔흘끔 눈치를 보다 구름 새로 숨더니

조금은 이지러진 얼굴로 또 가고 있다

삭발한 비구니처럼 외딴 산등을 넘는다.

꿈꾸는 킬리만자로
— 아프리카에서

아직 산은 구름에 싸여 꿈꾸는 듯 기척 없다

얼마나 그 이름 불러주어야 꿈에서 깰까

허허론 벌판에 서서 너와 얼굴 맞대고 있다.

표정 참 냉랭하여 섬으로 떠 있더니

해뜰녘 잠깐 나와 가슴에 금빛 훈장 달고

머리에 만년설 은관 쓰니 검은 대륙의 제왕답다.

남루한 세상에서도 너처럼 고고하다면

내 가슴 욱신욱신 꿈은 모자이크 되고

사파리 검은 혼령이 쩡쩡 우는 산을 본다.

고비 사막 行
― 비얀고비

지평선 따라 먼 능선이 그림같이 울타리 치고

정적이 허무처럼 내려앉은 황량한 벌판

한 길이 지평까지 곧게 뻗어 덜컹이며 달렸다.

마른 풀 뜯던 말과 염소 토올강에 목을 축이고

양송이 같은 하얀 겔이 엎드려 있는 가난한 마을

바람도 소리 죽인 벌판엔 송장메뚜기만 뛰어다녔다.

구름도 낯선 땅에 성황당 너머 말발굽 소리

초원 달리는 징기스칸의 늠름한 모습 그려보며

잘생긴 백마를 타고 나도 황무지를 달려 보았다.

*겔;몽골 전통가옥

낡은 자개농

표정 어둡다 뒷방에 물러앉은 낡은 자개농

머지않아 수거딱지 붙이고 이슬에 젖을

한때는 안방에 앉아 버티던 때도 있었다.

어느 새 세월에 밀려 구식 장롱 돼버린 나

자개 무늬도 삭아져 삐걱이는 관절통

추억만 헌옷이 되어 차곡차곡 걸려 있다.

노을길에서

세상 일 시들해져

먼 여행을 떠나도 보고

사랑하기도 늦어버려

가는 세월만 지켜본다

시간이 달같이 아까워

아무 일도 시작 못하고.

지중해 안탈랴에 와서

지중해 맑은 물은 순하고 따뜻했다

뒹구는 자갯돌도 달 같고 은하수 같고

언젠가 다시 와 한 달포 머물고픈 곳이다.

지는 해 핏발 세워 숨어 보는 줄 모르고

한 세월 잊혀진 내 악보를 찾아 흥얼거리는데

산 밑에 어둠이 나와 내 등을 떠밀었다.

물바람에 노을이 살풀이 춤을 추었다

지중해에 그리움 한 자락 묻어 두고

삶 닮은 바람만 안고 피리 불던 자릴 떴다.

시베리아 일몰

밤 열시에도 시베리아 일몰은 계속되었다

서녘 하늘은 붉은 모란 꽃밭으로 황홀한데

애달픈 사랑 하나가 원혼 되어 떠도는 듯.

황량한 벌판에 한 여인이 주저앉아

긴 머리 풀어헤치고 통곡하는 것 같았다

서글픈 허무의 집 한 채 바람 속에 매달고.

지평선 너머 길게 누운 신기루가 보였다

노을도 어둠에 젖어 서서히 풀려갈 때

일몰의 시베리아 벌판은 슬픈 생각에 잠겨 있다.

거짓말

시인이 얼마나
거짓말을 잘했으면
시를 보고 허풍이라
말할 수 있을까
시란 건
눈물보다 진실하고
삶보다 더 진하다는데.

생활이 될 수 없는
종이학 같은 시를 쓰면서
누군가의 가슴을 적셔
그리운 고향이 되고
가을 밤
홀로 시를 읽다가
우는 사람 있다면야.

시인의 집

사비성 산문 아래 작은집 한 채 지었더니

솔바람이 들렀다 가고 산새가 놀다 가고

멀리 온 시조집을 읽다보면 여름밤이 기울고

뻐꾸기 한나절 울어 산막인가 싶더니

청산의 풀꽃 우거져 초막인가 싶더니

시조의 삼장육구 다스리는 서당인가 싶구나.

12월의 퀸스타운
— 뉴질랜드 남섬에서

싸늘한 호수는 너무 푸르러 슬펐다

12월의 퀸스타운은 동서양에서 모여들어

수많은 인파 속에서 나는 외딴섬 같았다.

구름 따라 바람 따라 남극을 스치는 길에

내색 못하는 사랑 하나 머물다 가도록

아무도 모르는 곳에 초막 하나 짓고 싶었다.

사람이란 이름으로 낯선 인종들 틈에 끼어

무심코 2002년의 마지막 날이 저물어 갈 때

허탈한 생각 다녀가 여행길은 늘 짧았다.

연꽃 사원
― 인도 델리에서

연못에서 막 피어난
대리석 백련 한 송이

우아한 그대 모습에
나 잠시 눈이 멀었네

델리의 시궁창 속에서
저리 청초히 벙글다니.

세상 온갖 번뇌 잊고
하늘 영화 꿈꾸는가

정갈한 꽃잎마다
연꽃 내음 그윽하여

깃 푸른 물총새들이
날아들 듯싶구나.

갠지스강 풍경
— 인도에서

히말라야 골짝에서 젖줄 하나 동으로 내려
긴 여정을 돌고 돌아 인도양에서 길을 잃고
무거운 장송곡에 싸여 울먹이며 흐른다.

들것 위의 시체는 색색옷이 쑥스러워
백단향 장작불 속에 행복한 뼛가루로
성스런 갠지스강에 여한없이 뿌려지고.

죄 얼룩 씻어내는 몸살 앓는 새벽 강은
간디를 원망하랴 시바신을 원망하랴
일출도 빛을 잃은 채 투덜대는 강을 달랜다.

소들은 눈 내려깔고 거만한 몸짓인데
사람들은 구걸하며 풀씨처럼 달라붙고
거리는 소와 거지 홍수로 어질머리 앓는다.

노을 지는 헬싱키
― 핀란드에서

북극 부근 스칸디반도 노을 지는 헬싱키

자작나무 향 그윽한 길 시벨리우스 곡이 흐르고

내 영혼 감미로운 샘에 닿아 행복한 이브였네.

바이칼에서 불어오는 높새바람 번갈아 돌고

자일리톨껌 단맛 같은 그대의 창가에 서서

체리빛 세레나데를 노래하고 싶었네.

夏至

전설이 해설피 열린 싸리골에 여름이 오면

잠자리 날개 같은 세모시 옥빛에 굴려

바람길 사르르 열어 더위를 씻어 널고 있다.

능선을 말아올리고 금빛 햇살 눈부신데

뻐꾹새 한나절 잠든 산을 깨우고

산찔레 폭포처럼 내려 기다림에 눕는다.

붉은 넋을 알알이 문 산딸기 그리운 날엔

아득히 잊었던 이름 연초록 물이 들고

복분자 술 익는 마을엔 기다림의 물살이 인다.

구름 숲을 날며
― 기내에서

무성하다, 한 마리 새가 되어 구름숲을……

또 하나의 새로운 숲을 꿈꾸며 끝없이 난다

해무리 쪼러 가는 걸까 달무리 쪼러 가는 걸까.

어느 화가도 어느 시인도 표현 못할 경의론 풍경

노을이 붉게 물들어 단풍 타는 가을숲인데

섬 하나 외롭게 떠가는 망망대해 구름 몇 조각.

퓨즈 나간 수퍼마켓

대형 할인매장이 밀물쳐 들어오자

마을 안 작은 수퍼들 눈보라 밤을 지켜도

불 붙는 반짝 세일에 야윈 어깨 처진다.

손바닥 풀물 같은 식솔들 흘겨보지만

녹슨 나사 빠진 듯 삐걱삐걱 휘청거린다

지난날 푸르던 기억 자목련꽃 그리움이다.

소리치던 술병들 기가 죽어 울상 짓고

날개 치던 휴지며 세제들도 표정 어둡다

눈발에 길은 지워지고 어딘가 있을 퓨즈 찾는다.

하늘빛

동굴 속 어둠에서

눈이 퇴화 된 박쥐는

밝은 빛이 들어와도

아무 것도 보이잖는다

세상의

어둠을 쫓는 자는

하늘빛을 볼 수 없다.

종군 여기자의 일기

포탄이 빗금치는 바그다드의 25시

모래바람에 눈 못 뜨는 밤 탄피만 잠들고

아이들 신음소리에 하늘 찢긴 핏빛 동토.

임자 없이 반만 묻힌 모래 속 군화 한 짝

군번도 이름도 없이 나뒹구는 싸늘한 철모

살아서 돌아만 오라, 달아주던 노란 리본.

자살 공격에 눈물짓는 반전의 외침 속에

어둔 밤 귀를 모으는 종군여기자의 전황보고

돌아선 사랑과 평화 가뭇 없는 절벽인가.

전선의 사막에도 달빛은 고향 같은데

굶주림과 포성 소리 절망의 늪이 깊다

유전의 큰 불기둥이 악마의 혀 널름거린다.

낚시터의 명상

가을산 강물에 빠져
낡은 칼라필름 갈고
낚시 찌는 까딱 않고
졸고만 있는데
물 위에
길 하나 내고
나 끝없이 흐르고 있다.

자욱한 시름 잃어버린
얼굴 씻은 강마을에
두루미 울음 우는
한적한 나루터 술막
산뜻한
기별 한 줄이
뛰어들 것 같은데.

장마철

너무 낮게 내려온

머리 풀린 구름이

강물에 발 담근 채

그만 길을 잃어버렸다

숨가쁜

마파람이 떠밀자

갈밭에 철썩 주저앉는다.

水菊

가는 목에 화관을 인

큰 머리가 무거웠던지

교교한 달빛사슬에

걸터앉아 쉬고 있다

어여쁜 여인의 모습인데

슬픈 표정을 훔쳐봤다.

어느 새 자정 넘어

그녀 얼굴 창백한데

퍼렇게 멍이 든

아픈 흔적 아직 남아

열나흘 밤을 지샌 달도

애틋함을 지녔구나.

가을 여인

갈볕이 심장에 닿면 여인은 뭘 생각할까

세상에 지친 그림자 갈바람에 목욕하고

가난한 그대 눈빛 바라보며 먼 여행을 꿈꾼다.

가을을 앓는 가슴 하늘빛에 흔들려도

회색 숲에 갇혀서 조용히 꺼져갈 때

가을을 앓는 여인이여, 서글픈 송장이여.

靜夏

땡볕이
내려쬐는

여름 한낮
자갈밭

고추잠자리
꼬리를

하늘로
쳐들고 앉아

정지 된
정적의 순간을

지그시
누르고 있다.

雨日

실성한
여인인가

온종일
중얼거린다

빗사이로
길 하나 트여

먼 안부를
물을 때

산안개
토장국처럼 풀려

빈 나룻배 실린다.

하늘 몇 평

내 뜰을

기웃거리며

산새 한 마리

지저귄다

어디 살다가

여기까지

왔느냐고

묻는 듯하다

세상에

부대끼며 살다가

하늘 몇 평 찾아왔다고.

3부

지구본 속으로

나는 가끔 지구본을 돌려가며 세계를 본다
태평양도 대서양도 이리저리 돌려보고
세계는 그리 넓지도 좁지도 않은 두 개 섬이다.

적적한 날엔 기차 타고 시베리아 횡단도 하고
유람선 타고 지중해 건너 나포리도 가본다
알프스 몽블랑에서 케이블카 타고 올려본 하늘.

몸살난 괴물처럼 바다 위에 누워 있는 섬
지구촌은 사랑해야 할 가까운 이웃들이다
핵이며 또 전쟁이며 머리 풀고 영원히 안녕.

탕수육

아들 어릴적 어머니가
아들 손 잡고 가서

아무도 모르게
사 먹이던 탕수육

한 세월 흐르고 나니
기억도 아슬하네.

오늘은 그 아들이
어머니 손 잡고 가서

탕수육을 사 주며
옛날 일을 이야기하네

어머니 살아온 세월 만큼
젓가락 끝이 파르르 떠네.

나의 트로트 사랑

수척한 눈빛으로 울음인지 웃음인지
그대의 목이 긴 사랑 목걸이로 걸어보고
반지로 끼워도 보고 볼에도 부벼 보고.

짓누르던 그리움 하나 하늘 선반에 올려놓고
흥얼거리는 트로트 속에 봄날은 하마 가는데
내 사랑 에인젤이여! 그리움은 쳇바퀴만 도네.

가지 끝 울고 가는 바람 같은 삶이지만
사랑이나 그리움이나 맑은 옹달샘 물 같아
나만의 트로트 사랑 해볼 만도 하였네.

열목어

거친 세상 떠돌다

머리를 식히려고

솔바람 맑은 물을

찾아서 山村에 왔다

山川에

머리 식히니

마음도 더 푸르러.

*열목어;냉수성 어족으로 머리와 눈의 열을 찬물에 식혀가며 일급수에 서식.

모스크바에 와서

아직도 크레무린
성벽은 문이 닫혔고

성바실리 사원은
경의롭고 아름다워

스타린 붉은 억지도
흑해를 따라 흘러갔다.

서슬 푸른 붉은 광장에
훈훈한 봄바람 일어

모스크바 강가 거닐 때
노란 민들레 가난처럼 폈고

레닌의 뜨거운 피도
싸늘하게 식었다.

달맞이꽃 어머니

노을빛은 은유적인데
구름은 살꽃 피운다

달도 없는 밤 길섶에 서서
환하게 웃는 달맞이꽃

스스로 달빛 되어
어둔 밤을 밝힌다.

어여쁜 달맞이꽃
내 어머니 닮은 꽃

세상을 대신하여
자식들의 달빛이 돼준

자애론 내 어머니도
늘 환하게 웃으셨다.

백제 금동 향로

바람도 산문 걸고 들앉은 능산리 골짝

물 먹어 젖은 하늘 낮게 허리 굽히고

낮달도 오수에 빠진 고요로운 그날였다.

가위 눌린 긴 잠에서 기지개 켜는 봉황은

기우뚱 하늘을 밀며 벽오동 숲을 꿈꾸며

향로에 향불을 피워 자꾸 향을 물어날랐다.

무릎까지 차오르는 어둠의 층계를 딛고

황토를 털고 일어나 빙긋 웃는 금동향로

침침한 저들 눈동자 부싯돌이 반짝했다.

겨울 강

다리 굳은 겨울강은

주저앉아 울고 있다

철새도 잃어버리고

산그림자도 잃어버리고

그 이름

부르고 또 불러도

쇠바람만 쩡쩡 운다.

아직 끝나지 않은 여행

나는 나와 연애를 한다 나를 사랑하기 때문에
나를 위해 마음을 닦고 겉모습도 가꾸며
나에게 사랑받기 위해 날 아끼려 노력한다.

창조주의 영혼을 닮은 자녀들은 소중하다
마음을 닦기 위해 체험을 쌓기 위해
세계를 떠도는 내 여행은 아직 끝나지 않았다.

사랑은

사랑은 고통 섞인

감미로운 그리움여라

그리움이 슬픔이 되고

미움이 되기도 하여

사랑이

인생이란 걸

나 비로소 알았네.

정동진에 가면

여름이 일찍 당도한
동쪽 바닷가 정동진에 가면

하늘을 나는 돛단배와
입을 오므린 모래발자국

둥글고 큰 모래시계와
달맞이꽃 간이역이 있다.

파도 소리 가슴 설레는
수정궁의 커피숍과

갈매기 앉혀 놓고
잔 주고받는 목로주점과

수평선 끌어당겨 놓고
해초처럼 흔들리던 곳.

동백꽃 지면

목이 댕강 떨어졌다

피를 토하며 나뒹굴었다

꿈틀대는 질펀한 해토

그 땅울음에 뒤범벅될 때

동백꽃

열띤 사랑은

홍학이 되어 날아갔다.

포장마차

오뎅국물 위로 피어오르는 따슨 정과

뽀얀 국물에 입 벌리고 히죽 웃는 홍합들

헐벗은 어깨를 치며 알전구에 몸 데운다.

사람 사는 일 튀김집 기름 냄새 같을 때

출구 없는 꿈을 비관하며 혼자 중얼거리다

해질녘 포장마차에 앉아 소주잔이나 기울인다.

적도 근처에서

금바늘 꽂히는 땡볕

습기 빠진 바람 뿐

허허로운 벌판에

마른 풀 뜯는 야생동물들

지평선

아슬한 적도 1번지

정적이 나를 긴장시킨다.

고란사 피리 소리

연분홍 꽃비가 전설처럼 내리는 오후

산사에 낮달로 떠 시린 한을 뽑는 이여

내 안에 그리운 기억 하나 길을 내고 들어온다.

애절한 청음은 낙화암을 기어오르다

흐느끼는 백마강 물살을 잠 재우고

부소산 산모퉁이를 절룩이며 떠돈다.

바위 위에 가마처럼 올라 앉은 고란사

살 야윈 고란초에 점 하나 새겨놓고

세상을 나무래다 타이르는 잿빛 소맷자락.

피리 부는 나그네 시를 쓰는 나그네

바람으로 살다가 바람으로 가는 길에

눅눅한 내 영에 달 띄워 내 안의 소리 듣는다.

메콩강

히말라야에서 먼길 떠나 남 지나로 떠나가는 강

아시아의 수장답게 바다같이 펼쳐졌구나

쪽배로 물야자숲 가르며 싱싱 노젓는 월남아가씨.

고엽제 상흔을 딛고 노을강을 누비는데

하늘엔 비를 머금은 조각구름 슬프다

통발 친 한치잡이 어부들 만선 꿈이 차오르고.

연체된 시간

이미 체납되어 엎드려 있는 시간들

사랑도 푸른 꿈도 장미빛 삶도 모두가

무겁게 내려앉은 섬에서 검은 그림자로 물들어 갔다.

일상생활을 들추며 파도에 밀려 허무에 밀려

주저앉아 침묵할 수밖에 없는 연체된 시간

그러나 하늘로 향해 가슴은 열려 있었다.

하늘이 가불해 준 그 시간은 소중했다

싱싱한 그리움이 물회를 쳐 마셔버린 후

이제는 플러그 바꿔 꽂고 내가 환불할 시간이다.

세계에서 제일 작은 교회

나이야가라 근처 세계서
제일 작은 교회를 보고
어릴 적 소꿉친구
玉이 생각이 문득 났네
우리는
저리 작은 집에서
소꿉놀이 하고 싶었지.

장독가 패랭이꽃
별무리로 피어나면
가늘한 몸매 성깔진 눈매
잘 토라지던 玉이와
패랭이
꽃으로 족두리 쓰고
해 지는 줄 몰랐네.

지하 할인매장

떠나온 제 고향과
가문을 가슴에 달고
비탈진 고갯길에서
부대끼는 사람들과
몸값을 후히 내걸고 단정히 줄을 섰다.

빛깔 곱게 치장하고
눈망울 반짝이며
풋풋한 척 어깨 펴고
선택되기 기다린다
얼굴이 맑은 녀석들 순 토종도 할인될까.

출생지 이력서를
죄악처럼 숨기고
떼지어 볼 비비며
둔갑하는 중국산들
판치는 할인매장에 양자강이 흐른다.

동태

동태가 판을 치는
시골 장날 생선전

좌판 위에 올라앉아
눈치 살피는 물간 동태

상한 눈 부릅뜨고
모진 세상 흘겨본다.

얼음 뼈 빠져나간
기 빠진 아가미로

어물쩍 잘도 속이는
비린 세상 어쩌랴

어차피 초점 잃은 세상
눈치껏 파는 거다.

어느 소녀의 편지

사랑의 긴 편지는

새눈처럼 정답고

수련꽃에 이슬 튕기는

천상의 소리지만

사랑을

알긴 뭘 알겠나

가슴 아파 봐야 알지.

저문 비

황사바람
송화가루
온 마을을 덮을 때
오월의 어린 신록들
천식을 앓는구나
한 줌 흙 더도 넘지 않는 목숨
설핏 한길 보인다.

나 거기 앉아
하늘의
올곧은 길 닮으려 해도
그도 빗나가 숲 속의
쇠박새로 웅크리니
저문 비 모란 꽃잎을 내려
내 허물을 덮어주렴.

목련꽃 지면

모퉁이 비집고 선
해묵은 목련나무

비바람 푸서리 쳐도
태연히 꽃은 피고

꽃샘눈 칼날 휘두르면
그만 생살로 지고 말아.

아픈 가슴 시로 쓰면
내 시도 아파하고

한나절 소쩍새 울면
내 시도 따라 울어

목련이 툭툭 지는 날은
내 시도 그냥 지고 말아.

물소리에 대하여

산골물도 후미진데서 저희끼리 사랑을 한다

도란도란 속삭이다 가쁜 숨을 내쉰다

숨소리 듣고 있으면 내 몸도 화끈 단다.

몸이 타는 물소리 알몸으로 닿는다

송화가루 내리는 골물과 몸을 섞고

지구의 모퉁이 돌며 대자연을 잉태한다.

다단계 풍경

그들은 솜사탕이다 뻥튀기를 닮았다
젓가락 꿀꿀대며 라면냄비 덤비듯
아가리 크게 벌리고 와글대는 저잣거리.

허기진 꿀꿀이 몰고다니며 덜그럭대는
세상 바닥에 찰싹 붙어 욕심 챙기는 사람들
비린내 판치는 세상에 털 좀 뽑힌들 어떠랴.

눈웃음 사르르 치는 돼지 머리 표정으로
엉덩이 뒤뚱거리며 비린 세상 곁눈질하는
다단계 진풍경 속으로 비틀비틀 노을이 진다.

낡은 악기

바람 속에서 내게 남은 마지막 현을 울린다

내 영혼의 낡은 악기는 벌써 음치가 되었나

한적해 자유로운 밤 기도 섞인 노래가 있다.

그 사랑 깊고 깊어 하늘 향해 잔을 들자

잎이 지고 산까치 울고 모두 시 아닌 게 없다

이 자정 창조주의 뜻을 시를 쓰며 알리라.

숲속 나의 집

금강이 휘돌아가는
솔숲 속의 하얀 집

앞뜰의 상사화는 전설처럼 피어나고

산새들 쪽빛 울음소리
빈 아침을 톱질한다.

낮에는 토끼들과
잔디밭을 뛰어다니고

밤에는 창문 가득 별들이 쏟아지는 곳

먼 능선 미인 허리보다
곡선이 부드럽다.

언덕 위 달맞이꽃
수줍게 웃는 저물녘

풀벌레 우는 소리 적막을 잘게 부수고

전망이 좋은 방에서
나 한가롬을 키운다.

다뉴브강

알프스에서 흑해까지 긴 여정을 흐르는 강

구름도 쓸쓸하여 강가로 내리는 석양

황혼에 물든 물결 위를 미끄러지는 유람선.

서글픈 노을 풍경에 그만 억장 무너지고

덫에 걸린 그리움 하나 노을로 타는데

빈 하늘 흘끔거리며 체념이란 꽃말을 썼다.

피리새

내 가슴 속엔 하늘에서 온
피리새가 살고 있다

아침이면 청아한
목소리로 나를 깨우고

밤이면 달빛 같은 노래로
그리운 고향이 되는.

어지런 세상 한치 앞
분간 못하고 헤맬 때

고운 노래로 푸른 초원
맑은 물가에 쉬게 하고

내 영혼 닳아진 빳데리에
첫사랑을 충전시키는,

꽃밭에서

달이 뜨는 화사한
꽃밭에서 나를 본다

내 사랑 이 꽃만큼
소리쳐 웃어 봤던가

바람만 칭칭 시하로 불어
등시려 울던 시간들.

시들어가는 꽃잎에
이슬을 머금고

아름 찬 열매 하나가
그리운 꽃이 되어

어둠을
이긴 사랑으로
햇살 안은 나를 본다.

묵정밭을 태우며

메마른 풀잎은 불쏘시개가 되어 주었다.

매캐한 번뇌의 검은 연기를 뿜으며

잡초들 하고 싶은 말 많은 듯 붉은 혀를 널름거린다

끝내 뿌리는 태울 수 없다며 오열한다

푸른 연기 풀어헤치며 하얀 불티 날리며

마지막 한 줌의 생기까지 지지직 대항한다.

여고 동창

보아도 보아도

고향의 달 같은 그대

빛바랜 교복 툭툭 치며

깔깔 웃던 여고시절

옛동산 등넝쿨 아래

조잘대던 꽃타래들.

주름진 물살 아래

겨울 풍경 스산한데

어느 새 열매 따내여

뭉개진 표정으로

저무는 까치노을에

물망초로 피었다.

눈길을 쓸며

눈발은 어두운 허물을 덮는 꽃이었구나

성탄절 다소곳이 쓴 미사포였구나

새하얀 꽃송이마다 그리움이 맺히고.

반짝이는 보석으로 실로폰 소리 내는 아침

그리움 눈보라 되어 산과 들을 헤맬 때

눈길에 소복히 쌓인 그리움도 함께 쓸었다.

까치밥
— 수해마을에서

잎 떨구고 몸 붉게
드러낸 백열등인가

정 들은 집을 잃고
차가운 콘테이너 밖

아수라 수해를 겪고도
저리 붉게 익었구나.

하늘이 그의 편인
열매는 눈부시다

절망의 늪에서
어지러운 진탕에서

물난리 경황 중에도
까치밥은 남겼네.

연어 낚시
— 알라스카에서

망망대해 한가운데서
연어 낚시를 시작했다

가짜 미끼에 팔뚝만한
연어가 걸려들었다

반란에 "노인과 바다"
생각을 하며 정복했다.

끌려온 세상 밖
눈물을 글썽인다

망치로 이마를 맞고
기절한 슬픈 몸뚱이

허욕을 챙기려다 걸린
기가 죽은 아가미.

모란꽃

신록의 대궐 안에 핀

모란꽃 여인이여

꽃자주 저고리에

연두치마 어여뻐라

간밤엔

그대 무릎을 베고

황제보다 행복했네.

눈 덮인 들

속이야 어떻든 흉터 들추어 무엇하랴

어지러운 세상 하나 고요히 잠이 들고

아무런 사연 한 줄 없는 지평까지 백지 뿐.

황막한 빈 들판은 하얀 솜옷 입고 앉아

하늘을 우러러 주기도문을 외운다

오늘날 우리에게 일용항 양식을 주옵시고.

가을 손님

9월이 문 두드린다 으스스 등 시리다고
일 년에 단 한번 찾아오는 손님인데
누구나 반기는 귀빈인데 왠지 표정 쓸쓸하다.

깊은 하늘 심연 속에서 내려오신 것일까
나무들 노랑머리 빨강머리 물감을 고른다
수의로 바람을 가리고 산빛에 취해 비틀거리고.

山蘭

비좁은 바위 새지만
평화로히 살다가

살벌한 사람 손에
여기까지 왔구나

이따금 너의 망향 노래
애절하게 들린다.

하늘과 맑은 바람과
푸른 산이 그리운 날엔

연보라 꽃잎마다
마른 금이 죽죽 가도

너 혼자 몰래 폈다 지기엔
네 모습 너무 곱기 때문이다.

속 모를 분꽃

밤이면
아련히 피어

그리움
쌓아 놓고

아침이면
슬프게 지는

가까이 못할
속 모를 그대

나 그대
마음을 읽는데
참 오래도 걸렸네.

느티나무
― 성흥 산성 정상에서

정상에 선 느티나무는 바람 뿐이니 고독할 거야

산들이 엎드리고 세상이 엎드리고

구름을 딛고 섰으니 내려다보는 짜릿함.

오를수록 길은 가파러 숨가쁜 벼랑 끝인데

온종일 쑥꾹새 우는 참의미도 모르면서

생존의 목마름을 위해 손을 펴는 은밀한 뿌리.

해맑은 햇살이 잎새마다 입맞춤하고

청청한 가지 밑에 산새들 날아들어

밤마다 별을 어깨에 달고 우쭐대는 느티나무.

가을 소나타
— 마곡사 시편

시월이 되자 바람도 서늘한 날갤 달았다

설악에서 백두대간 따라 내려온 단풍

저마다 사는 법 연주하는 엄숙한 가을 소나타.

가을볕 쏟아붓는 잎새마다 변색하는데

마곡사 오층 석탑 앞 잘생긴 백송은

변찮는 제 푸른 뜻을 청솔잎에 새긴다.

산사의 저녁 종소리 극낙교를 건너갈 때

종소린들 깨달으랴 물소린들 깨달으랴

내가 날 깨닫지 못하는데 자연의 뜻 어찌 깨달으랴.

뻐꾸기 시계

새벽녘

은방울꽃

깨우는 뻐꾸기 시계

너 따라

소리 내어

울고 싶은 적 있었지만

가슴 속

감춘 말줄임표

눅눅하게 얼룩져 있다.

아침 도라지꽃

산초나무 산길 하나

가랭이를 오므리고

보라 초롱 봉긋봉긋

아침 이슬 머금는데

꽃잎은

새끼손가락 걸고

놓치지 말자 약속하네.

괄호 안의 나

이 세상 한모퉁이 부모슬하란 (소괄호) 안은
따뜻하고 안락하여 바람 부는 세상 몰랐네
결혼은 인연이라며 {중괄호} 안에 꽁꽁 묶었네.

아내란 열쇠도 어머니란 목걸이도 풀려
자유다, 외쳤더니 사람이란 이름표가
나를 더 단단히 묶어 [대괄호] 안에 가두었네.

이제는 괄호를 탈출 태양을 향해 날아봐도
이카리아 바다에 떨어지는 일만 남아
일 없이 산새나 기다리며 시를 읽고 앉았네.

낙조

적적한 내 초막에

노을이 강을 건너왔다

달맞이꽃 한아름 안고

붉게 닳은 얼굴로

내 안에

흐르는 애수

많은 생각이 다녀갔다.

일요일의 비엔나

알프스 처녀들이

춤 추는 빈의 원무곡

거리에서 원을 그리며

돌아가는 경쾌한 왈츠

평화론

일요일의 비엔나

태양은 눈부시게 빛나고.

먼길

소식 없이 지낸다고
잊은 건 아니지요

혼자 묻고 대답하는
버릇을 지우려고

숲길을
마냥 걷다보면
빈 하늘이 출렁이요.

그리움 새벽마다
늑골 밑에 달로 뜨고

외로우면 외로운 대로
선선한 그리움 따라

세상 밖 떠돌다 보면
두 마음이 맞닿지요.

오일장 풍경
― 팥죽 파는 할머니

하얗게 진이 빠진
힘없는 머리카락
쭈그러진 조롱박처럼
이빨을 다 빠졌지만
오일장 서는 날이면
감초 같은 팥죽 할머니.

긴 세월 슬픔일랑
새알심 속에 빚어 넣고
팥죽이 보글보글
끓는 시골 장날이면
좌판에 둘러앉은 인정 속에
하루 해가 저문다.

주름 진 물살 끝에
묻어나는 쓸쓸함
서글픔이 엉겨 붙은
새알심이 몇 알이
할머니 고달픈 삶을
빼꼼히 내다본다.

자목련꽃 지던 날
— 4.19 40돌

피멍 든 꽃잎들이 뚝 뚝 지던 날

4월의 하늘가엔 해마저 빛을 잃고

갸웃이 눈을 뜬 봄풀들도 흐느끼며 울었다.

해묵은 검은 등걸 베어낸 그루터기

풋풋한 곧은 얼을 펴보지 못한 채로

사십 년 긴 세월 탑을 도는 옹이 서린 수유리.